L 27
72
26120

ORAISON FUNÈBRE

DE

VÉNÉRABLE ET DISCRET

M. JACQUES MAINGUY

Chanoine honoraire de Vannes, — Curé-Archiprêtre de Josselin,
Vicaire général honoraire de Saint-Claude.

PRONONCÉE

DANS L'ÉGLISE DE N.-D. DU RONCIER DE JOSSELIN

LE 28 FÉVRIER 1871

PAR M. LE BLANC

Chanoine honoraire, Supérieur du collége Saint-Stanislas.

—

VANNES

IMPRIMERIE DE L. GALLES, RUE DE LA PRÉFECTURE.

—

1871.

ORAISON FUNÈBRE

DE

VÉNÉRABLE ET DISCRET

M. JACQUES MAINGUY

CURÉ-ARCHIPRÊTRE DE JOSSELIN.

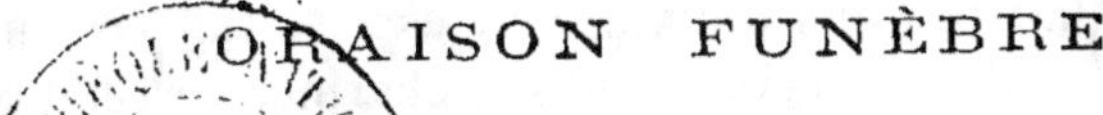

> *Omni custodia serva cor tuum, quia ex ipso vita procedit.*
>
> Gardez soigneusement votre cœur, parce que de lui procède la vie.
>
> *(Proverb. IV, 23.)*

CHERS HABITANTS DE JOSSELIN,

Un malheur que vous redoutiez depuis longtemps est venu s'ajouter à tant d'autres malheurs. La mort vous a ravi votre tendre Père, votre bon Pasteur, votre guide prudent, l'ornement de votre cité, et elle ne vous a pas donné le temps de lui dire un dernier adieu, de recevoir une dernière bénédiction. Vous n'oublierez jamais la matinée du 13 février, lorsque cette nouvelle se répandit avec rapidité dans vos rues et vos demeures : Notre bon recteur est mort ! — Tous ceux qui l'aiment, (et quels sont ceux qui ne l'ont pas aimé ?) furent saisis de douleur. Nous nous sentîmes tous frappés du même coup, nous comprîmes la grandeur de notre perte.

Un étranger qui aurait vu votre deuil et votre consternation le jour que vous conduisiez en foule ce cher défunt au cimetière, aurait pu se demander : Pourquoi tant pleurer un vieillard de quatre-vingts ans ?

n'était-il pas dans l'ordre de la nature qu'il terminât sa carrière ? Pouvait-il être grandement utile à cet âge ?... Ah ! mes Frères, ce vieillard ne ressemblait pas aux autres. Son esprit avait conservé sa vigueur, son cœur avait conservé tous ses charmes, sa figure son aimable et habituel sourire ; il travaillait toujours, il se dévouait encore avec énergie au salut de vos âmes. Sa belle vieillesse était, il est vrai, couronnée de cheveux blancs ; mais il y avait sur son front comme un reflet d'immortalité, et nous aurions cru qu'il ne dût point mourir. Aussi nous comptions sur de longs jours encore ! Mais Dieu n'avait-il pas hâte de donner le repos à cette âme fatiguée ? de faire entrer dans sa gloire le serviteur prudent et fidèle qu'il avait établi sur l'une des portions choisies de sa grande famille ?

Mes chers Frères, si je viens vous parler aujourd'hui de votre bon recteur, ce n'est pas avec la prétention de vous apprendre quelque chose. Vous connaissiez comme moi, son cœur et sa vie : c'était un livre ouvert aux regards de tous. En nous entretenant de celui que nous avons perdu nous soulagerons notre commune douleur, et nous recueillerons les exemples qu'il nous a laissés.

Le prêtre, plus que tout autre et en vertu de sa vocation spéciale, doit être l'image de Dieu. Or, le tant regretté Messire Jacques Mainguy, curé de Josselin, était un portrait vivant du Sauveur. Le trait le plus distinctif du Sauveur, c'était la douceur et l'humilité de cœur : *Discite a me quia mitis sum et humilis corde* (S. Matth. xi, 29). Parmi ses préceptes il en est un qu'il appelait son précepte, son commandement nouveau : *Hoc est præceptum meum, ut diligatis invicem*, c'est mon précepte que vous vous aimiez les uns les autres (S. Jean xv, 12). Son cœur doux et aimant, voilà, dans le divin Sauveur, la source, la raison, l'explication de tout ce qu'il a fait pour nous.

C'est aussi, mes chers Frères, par ce trait distinctif et principal que votre bon recteur a ressemblé à Jésus. Tous les actes de sa longue existence ont pris leur source dans la bonté de son cœur. Toute sa vie a procédé de son cœur, pour me servir d'une expression du livre des Proverbes : *Omni custodiâ serva cor tuum, quia ex ipso vita procedit* (Prov. iv, 23). Gardez soigneusement votre cœur, parce que de lui procède la vie. Quel a été ce cœur ? Quelle a été cette vie, mes très chers Frères ?

Messire Jacques Mainguy, curé-archiprêtre de Josselin, chanoine honoraire de Vannes, vicaire-général honoraire de Saint-Claude, naquit à Loyat, le 4 août 1791, dans les premiers temps de la tourmente révolutionnaire. Admirez les voies de la Providence ! Pendant qu'un curé de Josselin, membre de l'Assemblée nationale, s'exilait pour la Foi, et que celui qui devait être son successeur immédiat prenait aussi le chemin de la terre étrangère, on portait au baptême un petit enfant qui devait être un jour leur successeur pendant un demi-siècle. Dieu, ce jour-là, par un effet de sa miséricordieuse tendresse à votre égard, prit possession du cœur de ce petit enfant qui était né pour vous, et il se plut à l'orner et à l'embellir de tout ce qu'il y avait de plus doux et de plus suave dans les vertus du Sauveur.

Cet enfant passa ses premières années au fond d'une campagne, au sanctuaire d'un humble foyer domestique, sous l'aile de parents profondément chrétiens. Dieu protégeait le cœur qu'il avait formé, et il le mettait soigneusement à l'abri. *Omni custodia serva cor tuum.* (Prov.) L'enfant croissait en âge, pratiquant avec simplicité les vertus d'obéissance, d'humilité et de douceur qui devaient faire le fond de son caractère. Jeune homme, il veillait attentivement à la garde de son cœur qui était son trésor, mais un trésor dont il n'a jamais connu le prix. Par la prière et le travail il entretenait en lui le feu divin. Il se destinait au sacerdoce, et son cœur se dilatait en pensant à un avenir de bienfaits et de sacrifices. *Charitas Christi urget nos* (Corinth. II). Pendant ses études de collége, il était l'ami de tous ses condisciples, un lien de paix et d'union entr'eux.

Il étudia toujours sérieusement et avec fruit tant au collége qu'au séminaire. Mais ce qu'il avait toujours en vue, c'était le bien, c'était le perfectionnement de son cœur, ce vase d'élection que Dieu lui avait confié. Il acquit une science que trop souvent on néglige pour des études frivoles, une science de vie pratique, un jugement exquis, une intelligence du vrai et du bon que nous avons si souvent remarquée.

Son cœur était formé, mes très chers Frères, il avait mûri sous le soleil de la grâce ; maintenant il s'épanouissait dans sa beauté et son amabilité.

Ce fut le moment de son sacerdoce. C'est alors que Dieu vous l'envoya, dans l'année 1817. Cinq ans après, en 1822, il fut nommé curé de cette paroisse.

La bonté du cœur est ordinairement peinte sur le visage, c'est-à-dire que le visage reflète la douce clarté du cœur, et cette clarté du cœur est elle-même un rayon de la sérénité du ciel : *Qui diligit fratrem suum in lumine manet* (S. Joan II). Il y a certains hommes rares et privilégiés dont le visage est tout lumineux d'amabilité; ils rendent heureux ceux qui les approchent. Tel était votre bien-aimé recteur. On a dit que sous ce rapport il avait des traits de ressemblance avec le doux et majestueux Pie IX.

La bonté du cœur est exprimée aussi par la parole. La parole du vénérable Monsieur Mainguy était pleine de suavité, délicieuse; c'était le parfum qui s'épanchait naturellement de son cœur sur ses lèvres : *Diffusa est gratia in labiis tuis* (Ps. XLIV. 3). Je vous assure que la première fois que j'eus le bonheur de le voir et de l'entendre, je fus ravi de l'amabilité de cette parole où il n'y avait rien d'affecté, et je vis à découvert la bonté de son cœur.

Mes très chers Frères, ce que je dis ici paraîtrait exagéré à un auditoire qui n'aurait point connu ce bien-aimé recteur. Mais vous savez que je suis dans la vérité ; je l'ai connu, j'ai été auprès de lui pendant de longues années, années, hélas ! encore trop courtes, et je puis vous attester qu'il est très difficile de rencontrer quelqu'un qui lui ressemble.

Mais de même que l'arbre se fait connaître par ses fruits, ainsi celui que vous pleurez s'est révélé surtout par ses œuvres. Sa vie tout entière a procédé de la bonté de son cœur : *ex corde vita procedit*. Elle a été un long acte d'amour, d'un amour qui prenait sa source en Dieu et suivait toutes les règles de la charité surnaturelle : *ordinavit in me charitatem* (Cant. II. 4).

Cet amour sortant de Dieu retournait vers lui par une grande piété. C'était une piété douce, égale, tranquille, sincère. Ce n'était pas le torrent impétueux, c'était le ruisseau limpide, coulant à pleins bords, et réfléchissant dans ses eaux la beauté du firmament. Elle était constante, régulière, animée par une foi vive. Dans tous ses discours, dans la pratique de son ministère, dans la célébration des offices et de la sainte messe, le bon Recteur vous édifiait toujours. Sa piété avait en outre un caractère de simplicité qui la rendait plus aimable à Dieu et aux hommes. Oui, elle était simple comme celle des enfants, simple et confiante comme celle des plus humbles de son troupeau. C'était la piété du peuple, la vraie piété. Voilà pourquoi il touchait vos cœurs, quand il vous parlait de Dieu. Il pleurait, et vous pleuriez avec lui.

C'est ici le lieu de parler de sa dévotion envers Notre-Dame du Roncier. Lorsqu'il vint à Josselin, il comprit l'insigne faveur que la sainte Vierge vous avait accordée en établissant au milieu de vous un de ses sanctuaires privilégiés. Il comprit que c'était votre gloire, *decor civitatis Josselinensis;* il comprit que c'était votre sauvegarde, votre espérance, *spes civitatis Josselinensis.* Il vit que c'était le gage de la bénédiction du ciel sur le pasteur et le troupeau, sur la contrée tout entière. Dès lors il n'a cessé de vous soutenir, de vous animer dans cette confiance en Notre-Dame du Roncier, tant par ses paroles que par ses exemples. Vous l'avez vu souvent, malgré ses souffrances, et depuis plusieurs années, malgré son grand âge, suivre dévotement, dans les processions, la statue miraculeuse. Quand il se rappelait ce qu'il avait lu ou entendu raconter des solennités d'autrefois aux pèlerinages de Notre-Dame du Roncier, il voyait avec peine que ces fêtes avaient moins d'éclat de nos jours, que le concours des populations de Bretagne y était moins nombreux. Dieu écoutait les regrets et les désirs du bon pasteur. Il lui accorda ce qu'il osait à peine espérer, le Couronnement de Notre-Dame du Roncier par le Vicaire de Jésus-Christ représenté par Monseigneur l'évêque de Vannes.

Dans ce beau jour du Couronnement que les témoignages de votre piété ont aussi contribué à rendre à jamais mémorable, le bon vieillard était heureux; il disait aussi dans son cœur, comme Siméon, le *Nunc dimittis servum tuum, Domine,* parce que ses yeux avaient vu l'accomplissement de ses désirs. Désormais il pourrait mourir en paix; mais Dieu voulut qu'il assistât encore aux deux premiers anniversaires du Couronnement, afin qu'il fût assuré de la foi, de la piété et de l'allégresse de ses paroissiens, pour les années futures.

La couronne précieuse que vous voyez rayonner sur la tête de

Notre-Dame du Roncier, sera donc pour vous, mes très chers Frères, le plus doux souvenir de votre Curé, le mémorial de sa dévotion, un titre éternel à votre reconnaissance.

Un autre caractère de sa piété, c'était un filial attachement à l'Église et à son Chef. Il était rempli de sollicitude pour le bien-aimé Pie IX. Il le suivait avec anxiété dans sa voie douloureuse ; il partageait ses angoisses et ses tribulations. Que de fois ceux qui l'entouraient ont eu crainte de le contrister et de lui porter un coup fatal, en lui apprenant quelque nouvel outrage, quelque nouvelle persécution subie par le Père commun de tous les fidèles !

En même temps, il était toujours pénétré de vénération pour son Évêque. Il lui rendait, on peut le dire, un culte de soumission.

Votre bon Pasteur aimant Dieu et son Eglise devait aussi aimer tous ses frères, parce que la charité, en vertu de son principe et de sa nature, se répand sur tout ce que Dieu aime : *Hoc mandatum habemus a Deo, ut qui diligit Deum diligat et fratrem suum.* (1ᵃ Joan. IV.)

L'amour fraternel, l'amour du prochain, se manifestait dans une extrême condescendance, avec l'expression d'une parfaite amabilité ; c'était vraiment le signe caractéristique du vénérable M. Mainguy. C'était comme le cachet de son individualité. Sa longue vie de prêtre n'a été qu'une seule et unique action. *Aimer tout le monde.*

Il accomplissait rigoureusement cette parole de l'apôtre aux Corinthiens : *Omnibus omnia factus sum, ut omnes facerem salvos,* Je me suis fait tout à tous pour les sauver tous. (Iᵃ ad Cor. IX, 22.) Il était l'humble serviteur de ses paroissiens, se mettant à la disposition de chacun, sans jamais un murmure, sans jamais un signe d'impatience. Jusqu'au dernier jour de sa vie, il a exercé son saint ministère. Malgré son âge avancé, il était assidu au tribunal de la pénitence, et il accourait encore auprès de ses malades pour les consoler, les fortifier, leur ouvrir le ciel.

Pour ce prêtre charitable et tout de cœur, sa paroisse n'était pas le seul objet de sa sollicitude. Entre toutes les œuvres de zèle, il y en avait une pour laquelle il s'est dépensé. C'est par ses soins que les retraites de Josselin se sont solidement établies, et que depuis tant d'années elles ont prospéré. Il passait des semaines entières dans les rudes travaux de ces retraites. Il excitait le zèle des prêtres qui l'entouraient. Il disposait avec douceur, mais atteignait avec force, selon l'expression des saintes Écritures. Aussi les retraites ont-elles produit des fruits abondants de salut sous cette sage direction.

Au zèle pour le salut des âmes, le bon Recteur joignait une tendresse paternelle pour les pauvres. Il aimait à les visiter à l'hospice, à les consoler sur leur lit de douleur ; il aimait à entrer dans leurs misérables réduits, et tout en leur donnant l'aumône, il faisait entrer dans leur cœur, par son affabilité et son sourire, un rayon d'espérance et de joie. Grâce à lui l'œuvre chrétienne de la *Confrérie de charité* est florissante dans cette paroisse. Les dames pieuses qui en sont chargées continueront à soulager les membres souffrants de Jésus-Christ, et à marcher sur les traces de leur vénérable pasteur, le père des pauvres.

Il était l'ami de tous ceux qui avaient des peines. Il les encourageait, leur donnait ses bons conseils, pleurait avec eux.

Les bons conseils, mes chers Frères, c'est une aumône d'un ordre encore plus élevé que l'aumône corporelle. Votre curé avait reçu de l'Esprit-Saint le don de conseil. Ses avis étaient sages, sûrs ; il savait délivrer une âme de ses anxiétés, lui montrer la voie droite qu'elle avait à suivre.

Les prêtres aussi trouvaient en lui un consolateur, un conseiller, un guide fidèle. Il était dans tout ce pays la lumière du clergé. Avec quelle confiance nous venions consulter ce vieillard si fort par sa sagesse et son expérience ! Toujours on se retirait heureux, parce qu'il vous avait dit quelques-unes de ces paroles du cœur qui vous enseignent mieux que de longs discours.

Sa prudence était remarquable. Aussi n'agissait-il jamais sans réflexion, sans une mûre délibération. C'est avec cette prudence toujours craintive qu'il a pu [aplanir] les difficultés qui se seraient rencontrées pendant ses cinquante années d'administration.

Il aimait à suivre les exemples de ceux qui l'avaient précédé. Il ne parlait jamais de l'ancien curé de Josselin, M. Caradec, dont il avait été le vicaire, qu'avec la plus touchante vénération. Lorsque, par la force des circonstances et la nécessité des temps, il lui fallait rompre avec les anciens usages de la paroisse et les coutumes de ses prédécesseurs, il manifestait tout d'abord sa répugnance ; mais pour l'amour d'un plus grand bien, il acceptait et encourageait des changements utiles.

Et le dirais-je encore, mes très chers Frères, la source de cette sagesse, la raison de cette conduite si droite, si prudente, c'était toujours la simplicité et la bonté de son cœur.

Ces vertus de chrétien et de prêtre gagnaient tout le monde. Elles étaient ornées d'affabilité, d'amabilité, de politesse non affectée, d'urbanité antique. Jamais il ne manquait d'égards, ni de convenance, même envers les plus petits. Il vous connaissait tous par votre nom. A l'enfant, au vieillard, au pauvre étaient adressées tous les jours quelques-unes de ses gracieuses paroles. En vain vous l'auriez contristé, il restait votre ami. Il ne savait qu'une chose : le pardon et la miséricorde. Il n'aurait point voulu briser le roseau déjà cassé. Il ne craignait rien tant que de faire de la peine à quelqu'un. Nous avons vu quelquefois son visage se rembrunir, un nuage voiler son front, et nous savions bientôt pourquoi ; ce cœur expansif ne pouvait rien cacher : il craignait d'avoir fait de la peine.

Mes très chers Frères, je ne veux pas m'étendre plus longtemps, car je passe les bornes usitées en pareille circonstance, mais je savais que vous ne vous lasseriez pas d'entendre parler de votre excellent curé.

Je vous dirai seulement encore que Dieu a voulu ajouter à tout ce qu'il y avait de bon et de beau dans cette âme, le mérite de la patience dans les souffrances.

Depuis de longues années, le vénérable monsieur Mainguy était souvent visité par de cruelles douleurs.

Mais c'était pour lui une occasion de partager la croix de Jésus-Christ.

Alors sa placidité était admirable : toujours la même sérénité, toujours le même sourire.

A une vie si égale, si tranquille, si pure, Dieu réservait une fin paisible. Il n'a pas voulu lui faire goûter le calice amer de l'agonie ; il n'a pas voulu que ses derniers moments fussent attristés par la vue de ses amis et d'une famille qu'ils chérissait. Le soir, il se mit au lit après avoir adressé, comme à son ordinaire, des paroles bienveillantes à ses vicaires, à sa famille et à ceux de sa maison. Il s'endormit la paix de Dieu sur les lèvres et pendant un doux sommeil, son âme détacha ses liens, et portée par les Anges, elle se réveilla dans le sein de l'adorable et miséricordieux Jésus.

Paroissiens de Josselin, son souvenir sera ineffaçable dans votre cœur. Depuis cinquante ans il vivait au mileu de vous. Il a connu toutes vos joies et toutes vos douleurs. Il vous portait tous dans son cœur : mais vous aussi vous l'aimiez, vous aviez crainte de lui faire de la peine. Vous étiez sa joie, sa couronne, vous serez sa moisson dans l'éternité. Un jour il verra réunies autour de lui toutes ces âmes qu'il aura sauvées.

Nous autres prêtres, nous nous joignons à vous pour rendre hommage à cette mémoire. Nous pleurons avec vous autour de cette tombe qui vient de se fermer.

Les paroisses voisines pleurent votre bon recteur, le diocèse de Vannes le pleure, notre Évêque le pleure. Sa Grandeur a été frappée comme nous par ce coup douloureux, et avec ses larmes Elle a écrit cette page de paternelle condoléance qu'Elle a daigné vous adresser. Vous la conserverez dans vos familles comme un précieux monument. Le vénérable monsieur Mainguy nous y est proposé comme le modèle du clergé. Nous acceptons de grand cœur ces paroles si vraies, et nous nous efforcerons tous de marcher sur ces traces bénies.

Mes chers Frères, nous reverrons au ciel celui que nous avons perdu. Mais aujourd'hui même, nos relations ne sont pas brisées. La communion de nos âmes n'est-elle pas toujours vivante entre nous et notre cher défunt ?

Son âme se souvient de nous, son âme nous aime encore.

Cette âme si douce et si pacifique repose déjà, nous l'espérons, dans le sein de Dieu des miséricordes. Mais cependant, n'aurait-elle pas encore besoin de vos prières dans le lieu des expiations? Rendez-lui amour pour amour. Versez des larmes, mais répandez aussi des prières. Allez souvent vous agenouiller autour de son tombeau. S'il souffre encore, ne serait-ce pas pour vous avoir trop aimés?....

Ah! n'oubliez jamais la dette de votre reconnaissance, car vous pouvez par vos prières et vos bonnes œuvres lui ouvrir les portes de la lumière et du repos éternel.

Ainsi soit-il!

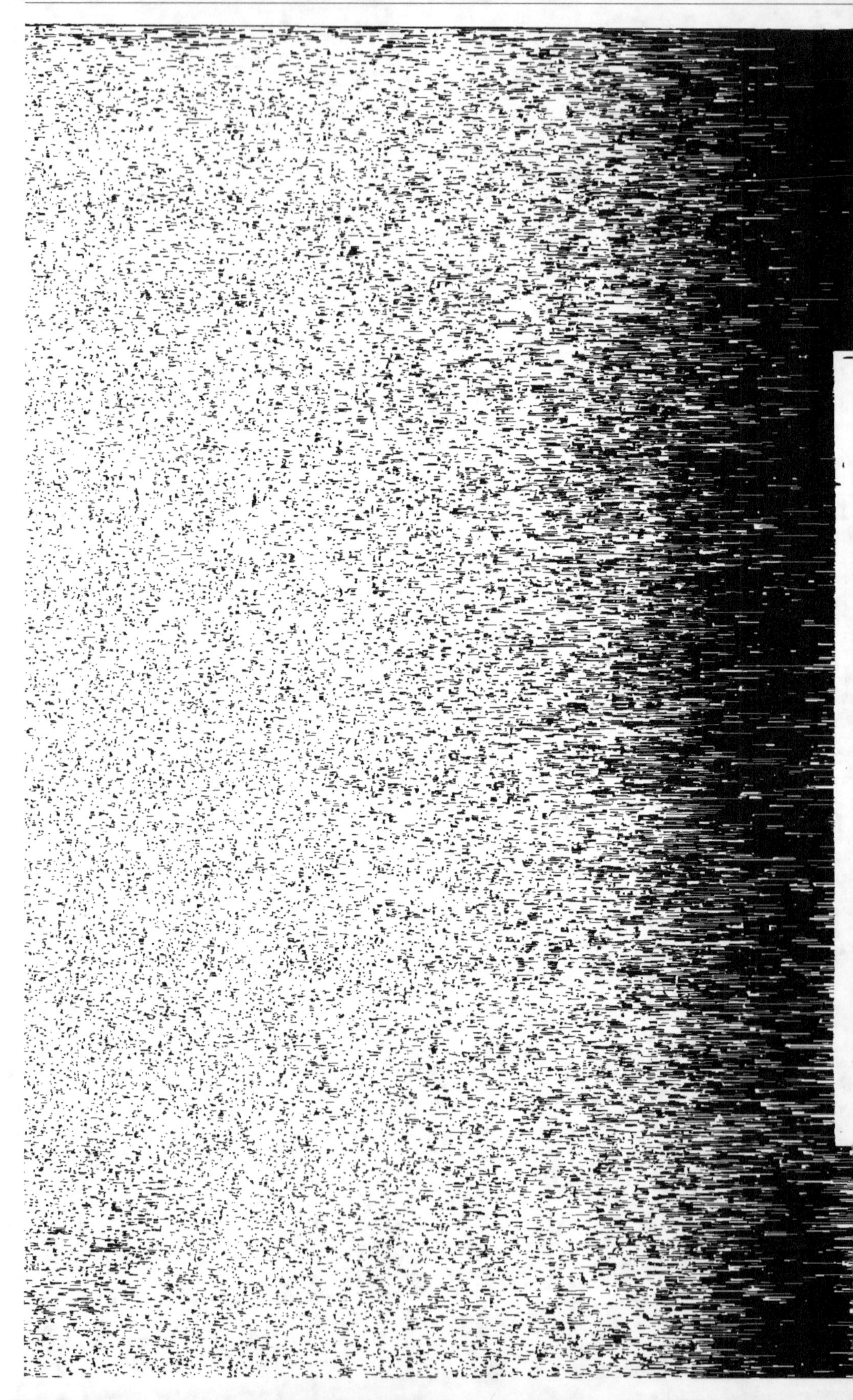

www.ingramcontent.com/pod-product-compliance
Lightning Source LLC
Chambersburg PA
CBHW062323070726
47596CB00009B/2681